Qu'est-ce que l'écologie?

Tous les êtres vivants se trouvent sur une planète : la Terre. Ils partagent tous cette planète, tant les bactéries, si petites qu'on ne les voit qu'au microscope, que les séquoias géants et les baleines dans les océans.

L'ensemble des êtres vivants et non vivants qui entourent une plante ou un animal s'appelle son environnement. Par exemple, l'environnement d'une plante comprend le sol, l'eau, les aliments contenus dans le sol et l'air, dans lesquels cette plante pousse. La pluie et la température peuvent affecter la vie de la plante, tout comme d'autres plantes peuvent se partager la même eau et la même nourriture. Des animaux peuvent aussi manger la plante, et d'autres peuvent l'aider à se reproduire. Tout cela forme son environnement. L'écologie est la science qui étudie la façon dont les plantes et les animaux influent sur leur environnement et sont influencés par lui.

L'EAU
ÉCOLOGIE

Jennifer Cochrane

Consultant : John Williams, C. Biol. M.I.Biol.
Illustrateur : Cecilia Fitzsimons, B.Sc., Ph.D.
traduit de l'anglais par Dominique Chauveau

DÉCOUVRIR L'ÉCOLOGIE

La Terre
Les Plantes
L'Eau
L'Air

Jennifer Cochrane a étudié la biologie de l'eau douce à l'Université de Leicester et a enseigné avant de se joindre à *MacDonald & Co. Publishers*. Elle a été rédactrice en chef de la *MacDonald's Junior Reference Library* et est l'auteur de plusieurs livres sur l'écologie et la nature.

John Williams est un ancien directeur d'école privée et un consultant en sciences. Il est secrétaire honoraire de la *School Natural Science Society*.

Cecilia Fitzsimons, artiste dans le domaine scientifique, s'est spécialisée en histoire naturelle et en illustrations biologiques. Elle détient un doctorat en biologie cellulaire (sciences marines) et a enseigné les sciences.

Couverture : en bas, *baleine exhalant par son évent*, à gauche *algues vertes d'eau douce*, à droite *les chutes Victoria à la frontière entre la Zambie et le Zimbabwe*.

Photo de la 1re page : *Vue de la Terre prise de l'espace, montrant l'Afrique et l'Antarctique.*

Water Ecology
© Copyright Wayland (publishers) Ltd
Version française
pour le Canada
© Les Éditions Héritage Inc. 1989
ISBN : 2-7625-5292-3
pour la France
© Bias Éditeur 1989
ISBN : 27015 0247 0
Dépôt légal : 3e trimestre 1989
Loi no 49 956 du 16 juillet 1949
sur les publications destinées à la jeunesse
Imprimé en Italie par G. Canale & C. S.p.A. - Turin

Table des matières

1. La planète d'eau

Un extraterrestre qui arriverait sur la Terre s'attendrait probablement à communiquer avec des organismes marins. En effet, environ 70 % de la surface de la planète est recouverte d'eau, tandis que la terre ferme est couverte de nuages formés de gouttelettes d'eau.

Les scientifiques ne sont pas certains de l'origine de l'eau. Elle a probablement été libérée sous forme de nuages de vapeur provenant des roches nouvellement formées pendant que la Terre refroidissait. Il y a environ 4 000 millions d'années, lorsque la surface de la Terre est devenue suffisamment froide, la vapeur s'est transformée en liquide et est tombée pour former les premiers océans. Les volcans peuvent aussi avoir créé une grande quantité de l'eau que l'on trouve sur la planète, parce qu'ils libèrent l'eau de l'intérieur de la Terre sous forme de vapeur et de liquide.

L'eau peut exister aussi bien sous forme de solide que de liquide ou de vapeur (gaz). À des températures inférieures à 0 °C, elle se transforme en glace et, au-dessus de 100 °C, elle se transforme entièrement en vapeur. Entre ces écarts, elle se maintient sous forme liquide, et c'est ainsi qu'elle peut le mieux convenir à la vie sur Terre.

La vie sur la Terre a commencé dans les océans, et la qualité particulière de l'eau aurait alors joué un rôle important. L'eau est capable de dissoudre plus

L'île volcanique de Surtsey émerge du lit de la mer en 1963. C'est ainsi que la plupart de l'eau sur la Terre a été libérée sous forme de nuages de vapeur provenant des roches nouvellement formées pendant que la Terre refroidissait. L'eau sous forme de vapeur est toujours libérée dans l'air par les volcans.

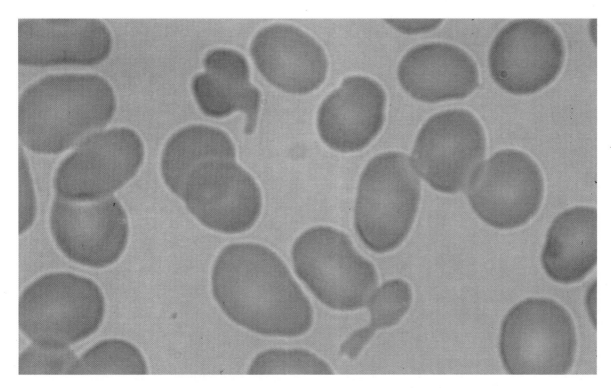

de substances que n'importe quel autre liquide. Ainsi, les premières mers auraient donc contenu un grand nombre de substances à partir desquelles les composants de base de la vie ont pu être formés. Les premières plantes et les premiers animaux vivaient dans l'eau, et ce n'est qu'après plusieurs millions d'années que certaines espèces se sont adaptées à la vie sur la terre ferme. Cependant, la vie aquatique a un avantage sur la vie terrestre puisqu'elle offre peu de risque de « sécheresse ».

L'eau est un composant vital de tout organisme vivant. Peut-être te crois-tu principalement constitué de matière solide ; mais l'eau constitue environ 60 % du corps humain et environ 50 % de la plupart des plantes et des animaux.

Les corps des êtres vivants sont composés de minuscules cellules. Chez les humains, par exemple, on retrouve environ 1 000 milliards de cellules qui renferment toutes de l'eau. Le sang des animaux et la sève des plantes sont en grande partie constitués d'eau, et ils transportent les gaz dissous et les aliments nécessaires à la vie. Chez plusieurs êtres vivants, l'eau maintient rigides les cellules afin

Un gros plan des cellules du sang humain. Le sang est principalement composé d'eau.

qu'elles puissent garder leur forme. Aussi, une plante laissée au soleil se fanera à cause d'une perte d'eau très importante.

L'eau est également nécessaire à la photosynthèse, qui est le processus par lequel les plantes vertes utilisent l'énergie solaire pour convertir l'eau et le gaz carbonique en substances nutritives et en oxygène. Tous les autres êtres vivants sur la Terre dépendent des plantes vertes comme source alimentaire, et l'oxygène est essentiel à la respiration de la plupart des animaux.

La lumière du soleil pénètre les mers à une profondeur d'environ 100 m, et c'est dans cette couche que se trouve le phytoplancton qui est constitué de minuscules plantes flottantes. Ces plantes absorbent et photosynthétisent les produits chimiques dissous dans les mers. C'est ainsi que se forment les principales substances alimentaires nécessaires à la vie des animaux dans les océans et qu'est libéré la majeure partie de l'oxygène qui se trouve dans l'air.

2. Mais où est l'eau?

L'eau de la Terre s'étend sur toute la planète. Il est facile de voir, sur une carte du monde, que l'eau sous forme liquide se trouve surtout dans les océans, les mers, les rivières et les lacs. L'eau des océans et des mers renferme beaucoup de sel dissous. L'eau des rivières et des lacs, ou eau douce, en contient un peu. L'eau douce constitue seulement 3 % de l'eau de toute la planète, mais c'est un composant essentiel à la vie des plantes et des animaux terrestres.

Les trois quarts de toute l'eau douce de la planète sont enfermés dans les calottes glaciaires des pôles. L'eau se déplace entre ces calottes et les océans. Pendant les périodes glaciaires, les calottes glaciaires se sont étendues et le niveau de la mer a baissé. Si la planète se réchauffait, les calottes glaciaires fondraient et le niveau de la mer s'élèverait d'environ 100 m et les terres basses seraient inondées.

L'air renferme très peu d'eau par comparaison aux vastes réserves d'eau des pôles et des mers. Cependant, sans cette eau contenue dans l'air, il n'y aurait ni pluie ni neige. Une petite partie de la pluie se déverse dans les rivières et les lacs, tandis que le reste pénètre dans le sol et dans le roc.

La couche du sol dans laquelle l'eau s'accumule s'appelle le niveau hydrostatique. L'eau peut être retenue entre les fines particules du sol ou dans les fentes des roches, ou être absorbée par une couche de roches poreuses. Il s'agit de roches qui, comme le grès, peuvent absorber beaucoup d'eau, un peu comme le ferait une éponge. Cette eau réapparaîtra dans une source à flanc de côteau, au point de rencontre du niveau hydrostatique et de la surface de la terre, et s'écoulera dans une rivière ou dans un lac.

Il y a donc de l'eau partout sur la planète, aussi bien à l'intérieur des êtres vivants que dans l'air, la terre et les mers.

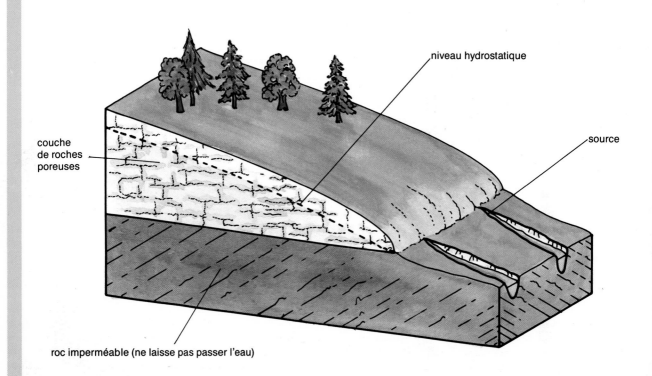

niveau hydrostatique

couche de roches poreuses

source

roc imperméable (ne laisse pas passer l'eau)

Coupe de la terre montrant la couche de roches poreuses.

Activité : observe l'eau dans le sol

Bouche l'extrémité des tubes avec un petit morceau de papier-filtre et dépose une même quantité de sable dans un tube, de terre de jardin dans l'autre et d'argile dans le troisième.

Place les extrémités des tubes dans le bac d'eau et maintiens-les à la verticale à l'aide des pinces. Assure-toi de bien identifier les sols de chacun des tubes.

Après plusieurs jours, examine la quantité d'eau absorbée par les solides. Les niveaux sont-ils différents ? Comment peux-tu expliquer ce que tu vois ? Quel solide absorbe le plus d'eau et lequel en absorbe le moins ? Quelles sont les différences entre ces solides ? Si tu étais agriculteur, quel type de sol choisirais-tu pour faire pousser tes cultures, et pourquoi ?

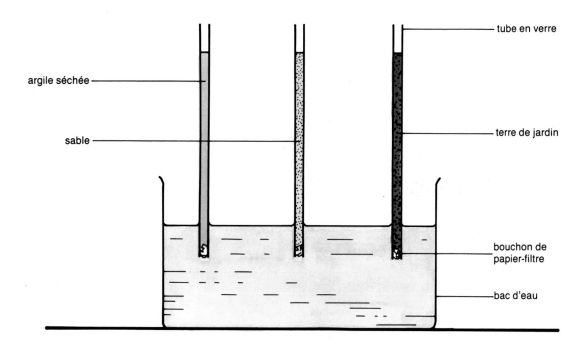

argile séchée

sable

tube en verre

terre de jardin

bouchon de papier-filtre

bac d'eau

Ce qu'il fallait démontrer

L'eau est absorbée par les deux types de sol et par le sable. Les substances qui sont composées de nombreuses particules fines et solides minuscules absorbent plus d'eau que celles qui sont faites de particules plus grossières. Les liquides s'élèvent naturellement dans les espaces minuscules qui existent entre les particules des solides comme la terre, le sable et l'argile ; ce processus s'appelle la capillarité.

3. L'eau et la chaleur

La Lune est environ à la même distance du Soleil que la Terre. Il fait très chaud sur le côté exposé au Soleil, et −250°C de l'autre côté. Ce serait également le cas de la Terre, mais heureusement les mers et des gaz carboniques absorbent et emmagasinent la chaleur, et maintiennent ainsi la planète à la température nécessaire à la vie.

La terre absorbe et perd de la chaleur très rapidement, mais les vastes océans agissent comme une immense machine qui règle la chaleur ; ils absorbent et libèrent la chaleur plus lentement et la transportent autour de la planète en utilisant les grands courants marins.

La surface des mers et des océans est réchauffée par le Soleil, et comme l'eau chaude est plus légère que l'eau froide, une couche d'eau chaude se forme à la surface des océans. Les vents balaieront cette couche dans une direction particulière et l'eau froide s'élèvera pour la remplacer et être à son tour réchauffée.

L'eau qui se déplace devient un courant de marée et traverse les océans. Lorsque ce courant atteint la côte, il réchauffe le sol. Par exemple, l'Europe du Nord est réchauffée par le Gulf Stream, qui traverse l'océan Atlantique à partir du golfe du Mexique, affectant ainsi le climat. Londres est plus au nord que New York, mais les hivers n'y sont pas aussi rigoureux.

Les mers ne réchauffent pas toujours la terre. Il y a un refroidissement des régions là où les courants froids s'élèvent des eaux profondes pour remplacer l'eau chaude qui a été transportée par les vents. Ces courants froids transportent aussi avec eux des sels minéraux provenant des profondeurs, et il y a toujours plus de phytoplancton à l'endroit où ils s'élèvent, ce qui fournit de la nourriture aux poissons.

Schéma de plusieurs courants qui traversent les mers et les océans.

Activité : étudie le déplacement de l'eau

Il te faut

un grand becher à l'épreuve de la chaleur, un trépied, une source de chaleur comme un brûleur bunsen, une toile métallique à l'épreuve de la chaleur et quelques cristaux de permanganate de potassium.

Ce qu'il fallait démontrer

Lorsque l'eau est chauffée, elle devient moins lourde que l'eau froide et elle s'élève. Dans cette expérience, l'eau refroidit après s'être élevée et retombe alors dans le fond du becher. C'est ainsi que se déplacent et que se transforment les courants d'eau chaude qui sont appelés courants de convection.

Pose d'abord la toile métallique sur le trépied, puis le becher rempli d'eau chaude. Dépose un cristal de permanganate de potassium dans le becher. Chauffe doucement le fond du becher avec le brûleur bunsen et surveille ce qui se produit.

Le cristal prend une couleur violette en se dissolvant, et tu vois s'élever des colonnes de cette couleur. Pourquoi cela se produit-il? Ces colonnes retomberont après s'être élevées. Quelle en est la raison?

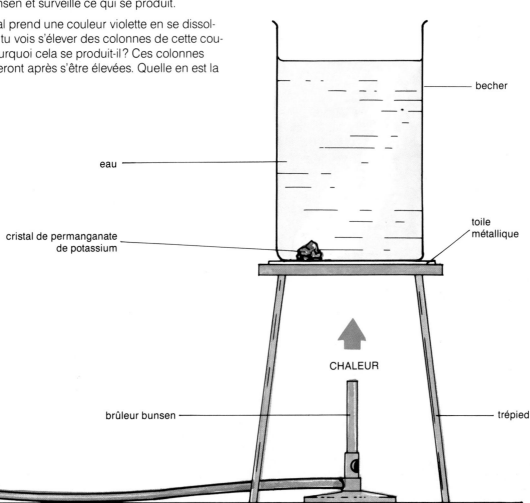

becher

eau

toile métallique

cristal de permanganate de potassium

CHALEUR

brûleur bunsen

trépied

4. L'eau, un solvant

L'eau est un excellent solvant ; c'est une de ses particularités les plus importantes. Cela veut dire que l'eau peut dissoudre des substances très facilement. Si tu goûtes de l'eau de mer, tu goûtes aussi les nombreux sels minéraux qui sont dissous dans la mer. Lorsque l'eau dévale sur le sol ou sur les roches pour atteindre la mer, elle dissout certaines de leurs substances.

Même s'il n'y a que d'infimes quantités de sels qui sont dissous, habituellement trop peu pour qu'on les goûte dans l'eau des ruisseaux et des rivières, ces sels proviennent de la mer. Cela s'explique parce que l'eau qui transporte les sels minéraux s'évapore des mers et laisse des sels sur son passage. Plus il y a d'eau qui coule dans la mer et qui s'évapore, plus l'eau de mer devient salée. Des sels de tous les minéraux de la Terre sont dissous dans la mer. Si on pouvait recueillir une importante quantité d'eau de mer, il serait même possible de trouver de l'or.

Les cellules des organismes vivants ne travailleraient pas si l'eau n'était pas un aussi bon solvant. Dans chaque cellule, tous les produits chimiques peuvent réagir ensemble parce qu'ils sont dissous dans l'eau et libres de se déplacer. Par exemple, l'oxygène se dissout dans le sang des animaux et peut voyager jusqu'aux réserves alimentaires de l'organisme pour y libérer de l'énergie. Les déchets qui en résultent peuvent aussi être éliminés de sorte qu'ils ne s'accumulent pas dans les cellules et ne les intoxiquent pas.

Grâce aux sels dissous dans les mers, le phytoplancton peut fabriquer de la nourriture. Bien que le gaz carbonique et l'eau soient les principaux éléments des aliments fabriqués par les plantes, ils ne sont pas les seuls. Les plantes ont besoin d'autres éléments comme l'azote et le potassium pour fabriquer des substances nutritives qu'elles absorbent avec leur réserve d'eau.

Malheureusement, l'eau dissout aussi facilement les substances polluantes que les substances essentielles à la vie. Les déchets des industries et les produits chimiques comme les pesticides vaporisés au-dessus des cultures pour détruire les insectes peuvent se retrouver dans les rivières et les mers, nuisant à la vie végétale et animale de ces endroits.

Le sel peut être séparé de l'eau simplement en aménageant des cuvettes pour permettre à l'eau de s'évaporer, comme ici au Niger, en Afrique.

Activité : observe l'eau de plus près

Il te faut

un becher contenant un peu d'eau, un trépied, un brûleur bunsen, une toile métallique à l'épreuve de la chaleur et quelques verres de montre (de petites assiettes en verre à l'épreuve de la chaleur) suffisamment grands pour reposer sur le becher. Il te faudra des échantillons d'eau provenant de sources différentes, comme de l'eau du robinet, de l'eau de pluie, de l'eau d'un étang ou d'un ruisseau et de l'eau distillée. Il serait bien que tu puisses utiliser un microscope.

Verse un peu d'eau provenant d'un des échantillons dans le verre de montre et place le verre sur le becher. Fais bouillir l'eau en la chauffant avec le brûleur bunsen. Qu'est-ce qui arrive à l'eau dans le verre de montre ? Lorsque toute l'eau s'est évaporée, que reste-t-il ? Tout solide qui reste s'appelle résidu.

Éteins le brûleur bunsen et laisse le verre refroidir. Mets-le de côté et recommence l'expérience avec un autre échantillon. Qu'est-ce que tu trouves cette fois-ci ? Y a-t-il un résidu ?

Si tu as un microscope, dépose un peu de chaque résidu sur une lamelle propre. Examine chacun des résidus au microscope et compare tes résultats.

Ce qu'il fallait démontrer

L'eau provenant de différents endroits contient des quantités variées de substances dissoutes. Même l'eau du robinet n'est pas pure et laisse un résidu de cristaux de sel. L'eau de pluie ne devrait pas laisser de résidu. S'il y en a, d'où proviennent-ils d'après toi (pense à la façon dont tu as ramassé l'eau) ?

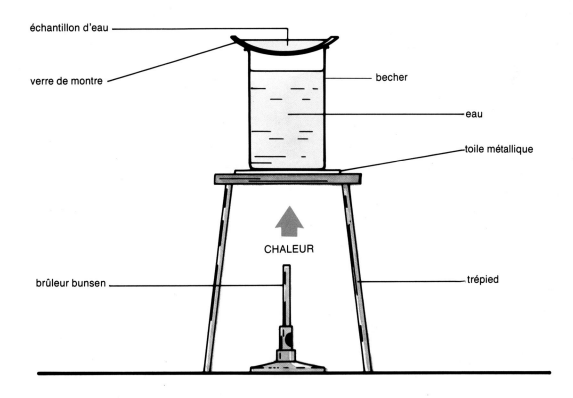

échantillon d'eau

verre de montre

becher

eau

toile métallique

CHALEUR

brûleur bunsen

trépied

5. Le cycle de l'eau

L'eau, comme la plupart des ressources terrestres, ne sert pas juste une seule fois. Elle est réutilisée sans cesse, passant de la mer à l'air, puis de nouveau dans le sol à travers les plantes et les animaux, pour retourner à la mer. Elle voyage d'un côté à l'autre des océans grâce aux courants marins, dans l'air sous forme de vapeur d'eau ou de nuages, et traverse la terre quand elle devient ruisseau ou rivière.

Elle peut demeurer très longtemps emprisonnée dans les calottes glaciaires ou sous forme de neige

au sommet des montagnes, mais même alors elle finira par fondre et retournera à la mer. C'est ce qu'on appelle le cycle de l'eau. On en comprend mieux le fonctionnement en suivant l'itinéraire complet d'une gouttelette d'eau.

Le déplacement de l'eau des océans à l'atmosphère et de nouveau aux océans s'appelle le cycle de l'eau.

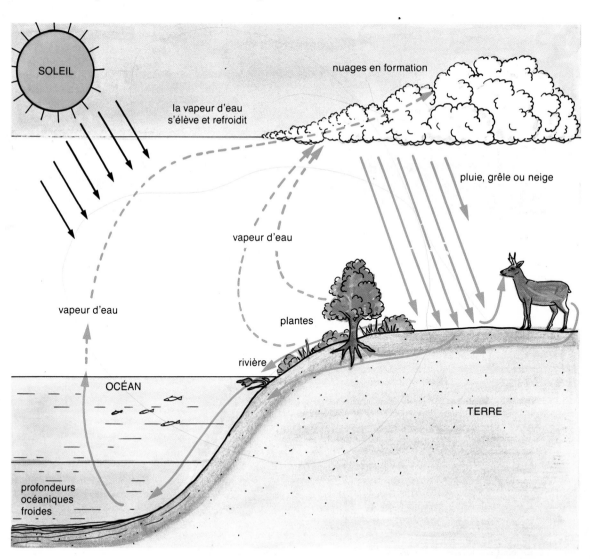

SOLEIL

la vapeur d'eau s'élève et refroidit

nuages en formation

pluie, grêle ou neige

vapeur d'eau

plantes

vapeur d'eau

rivière

OCÉAN

TERRE

profondeurs océaniques froides

L'eau froide peut rester longtemps prisonnière des glaces. Cet iceberg flotte au large des côtes de Terre-Neuve.

Les océans et les mers sont les grands réservoirs d'eau du monde. Une gouttelette d'eau dans les profondeurs noires et froides de l'océan peut être emportée par un courant ascendant et remonter à la surface. Elle peut ensuite être réchauffée par le Soleil, se transformer en vapeur et être transportée par le vent d'un côté à l'autre de l'océan et au-dessus de la terre.

Si l'air se refroidit suffisamment, la vapeur d'eau redeviendra liquide et pourra s'unir à une masse d'eau plus grande pour tomber en pluie, en grêle ou en neige.

L'eau de pluie s'écoulera dans le sol et se déversera dans les rivières et les lacs et, s'il fait suffisamment chaud, pourra redevenir de la vapeur d'eau. Elle peut être absorbée par les racines d'une plante et s'évaporer bien vite par les feuilles, ou être bue par un animal puis éliminée comme déchet. Si elle reste sous forme liquide, elle voyagera de la mer à une rivière pour recommencer le cycle complet.

La rivière Niagara relie le lac Érié et le lac Ontario, au Canada.

6. L'eau contenue dans l'air

L'air réchauffé s'élève et refroidit. Le refroidissement peut être suffisant pour transformer la vapeur d'eau en gouttelettes et former des nuages, qui peuvent se transformer en pluie.

Il existe deux principaux types de nuages. Parfois le ciel est traversé par de grandes traînées grises : ce sont des stratus. Ces nuages sont formés par suite de l'élévation lente de grandes étendues d'air. Les stratus très bas forment le brouillard. Quant aux cumulus, ils s'étirent dans le ciel à la verticale, parfois tellement haut que leurs gouttelettes se transforment en glace. Ces particules de glace sont aspirées par les courants ascendants qui les entraînent encore plus haut. Elles se recouvrent alors d'une autre couche de glace, deviennent plus lourdes et tombent pour être transportées par un autre courant ascendant. Cela peut se produire plusieurs fois de suite jusqu'à ce que les gouttelettes soient tellement lourdes qu'elles retombent au sol sous forme de grêle.

De cette façon l'eau douce, dont dépendent tous les êtres vivants sur terre, retourne à la planète d'où elle vient. Cette eau n'est cependant pas toujours pure. La poussière et les particules de fumée contenues dans l'air peuvent être dissoutes et l'eau de pluie peut ainsi être touchée par la pollution, ce qui donne des pluies acides.

Toute pluie est, en fait, légèrement acide parce qu'elle contient un acide faible formé à partir du gaz carbonique que l'on retrouve dans l'air. Cela aide à dissoudre les minéraux du sol afin que les plantes puissent les absorber plus facilement.

De nombreux gaz libérés par les centrales électriques au charbon, les industries et les tuyaux d'échappement des voitures auront un effet plus marqué. Les gaz comme l'oxyde d'azote et l'oxyde de soufre se combineront à l'humidité dans l'air pour donner des acides plus forts qui retourneront sur terre sous forme de pluies, de brouillards ou de neiges acides. L'eau acide se déversera dans les rivières et les lacs, menaçant la vie aquatique, et sera absorbée par le sol, pouvant nuire à la croissance des plantes.

Dans plusieurs régions du monde, les pluies de la mousson constituent une source d'eau vitale. Voici le Népal pendant la mousson.

Activité : vérifie l'acidité de la pluie

Coupe le haut de la bouteille afin d'obtenir un récipient de la forme d'un grand becher. Place le sac en plastique à l'intérieur du récipient et fixe-le en haut avec les élastiques. Attache ensuite le récipient au piquet et plante celui-ci dans le sol, loin des arbres et des immeubles.

Lorsqu'il pleut, note la direction des nuages. Verse

l'eau de pluie que tu as ramassée dans un becher propre et sec, et ajoutes-y un peu de solution ou de papier indicateur universel. Compare la couleur avec celles du tableau et note le numéro correspondant. Cela mesurera le degré d'acidité de l'eau. Recommence cette expérience avec de l'eau de pluie ramassée à différents jours et avec des vents soufflant dans des directions différentes. Compare la couleur obtenue après avoir ajouté la solution ou le papier indicateur universel à du jus de citron, du lait et de l'eau distillée.

L'échelle utilisée pour mesurer l'acidité d'un liquide s'appelle l'échelle pH. L'eau de pluie normale a habituellement un pH de 5,6 et n'importe quel chiffre plus bas signifie que l'eau est trop acide. Le jus de citron est beaucoup plus acide ; il a un pH de 2. Le lait a un pH de 6,5 et est très peu acide. L'eau pure n'est ni acide, ni alcaline. Elle est neutre et son pH est de 7.

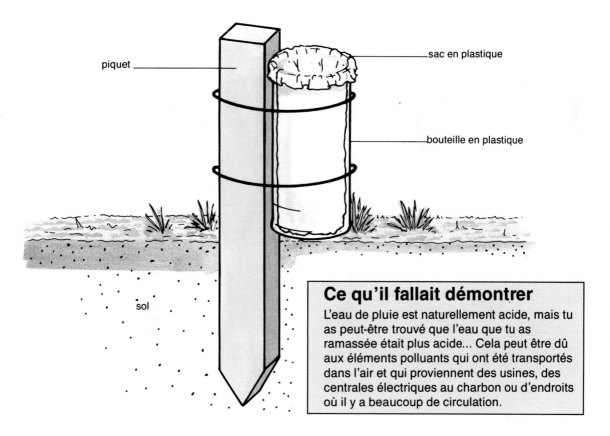

piquet — sac en plastique — bouteille en plastique — sol

Ce qu'il fallait démontrer

L'eau de pluie est naturellement acide, mais tu as peut-être trouvé que l'eau que tu as ramassée était plus acide... Cela peut être dû aux éléments polluants qui ont été transportés dans l'air et qui proviennent des usines, des centrales électriques au charbon ou d'endroits où il y a beaucoup de circulation.

7. Les eaux courantes

La pluie ou la neige se déversent dans un bassin hydraulique. Ce bassin est une partie du sol qui alimente une rivière en eau. L'eau s'écoulera à travers le sol et les roches tout en dissolvant les sels minéraux, puis se rassemblera pour former un ruisseau, une source ou un lac. Le ruisseau ou la source se déversera dans une rivière, puis dans la mer.

L'eau de pluie n'amassera pas seulement des sels lorsqu'elle s'écoulera à travers le bassin hydrographique ; elle amassera aussi des engrais et des pesticides provenant des terres cultivées. Elle peut aussi s'écouler à travers des sols où l'on a enfoui des produits chimiques toxiques, dissoudre ces produits et les transporter dans un ruisseau ou un lac.

Une fois dans le ruisseau, l'eau coule en aval. À la naissance, elle s'appellera source. L'eau de source est fraîche et coule rapidement. Elle contient du gaz carbonique et de l'oxygène dissous en abondance, ramassés lorsque l'eau tombe en cascade et déborde sur les rives rocheuses. Elle peut transporter des cailloux et des graviers avec elle, participant ainsi à l'usure du lit du ruisseau.

À mesure que la rivière s'éloigne de sa source, elle ralentit son cours et abandonne quelques-uns des graviers et des roches qu'elle entraînait. La boue descendra aussi au fond de l'eau ; des plantes à racines pourront alors croître dans cet environnement.

La rivière change lorsqu'elle quitte les collines et s'approche de la mer. La rivière qui traverse la plaine est un cours d'eau beaucoup plus calme qui serpente à travers les terres plates et qui est souvent bordé de marais. Cette eau renferme beaucoup moins d'air ; c'est pourquoi elle se pollue plus facilement. L'estuaire est l'endroit où l'eau de mer se mélange à l'eau douce, permettant aux fines particules de boue de se coller les unes aux autres et de tomber au fond de l'eau, ou d'être emportées dans la mer.

La rive d'une rivière en Tasmanie. Cette rivière a été gravement souillée par la pollution des mines de cuivre.

Activité : observe l'air contenu dans l'eau

Il te faut

un erlenmeyer à l'épreuve de la chaleur avec un bouchon, un tube en caoutchouc, un tube en verre, un bac rempli d'eau, un brûleur bunsen, une toile métallique à l'épreuve de la chaleur, un trépied, un pot avec un couvercle et une étagère pour surélever le pot. Il te faudra de l'eau d'un ruisseau, d'un étang et du robinet.

Installe le dispositif, comme sur l'illustration, en remplissant l'erlenmeyer, le tube et le bac d'eau. Tu devras remplir le pot d'eau, installer le couvercle, retourner le pot et ne retirer le couvercle que lorsqu'il sera sous l'eau.

Chauffe l'erlenmeyer avec le brûleur bunsen. Que remarques-tu ? Quelle quantité d'air peux-tu récupérer ? Éteins le brûleur bunsen lorsqu'il n'y a plus de bulles qui se forment. Recommence cette expérience avec de l'eau du robinet et de l'eau d'un étang.

Ce qu'il fallait démontrer

L'eau contient de l'air qui est dissous. L'eau provenant d'une rivière contiendra plus d'air que l'eau qui est demeurée immobile.

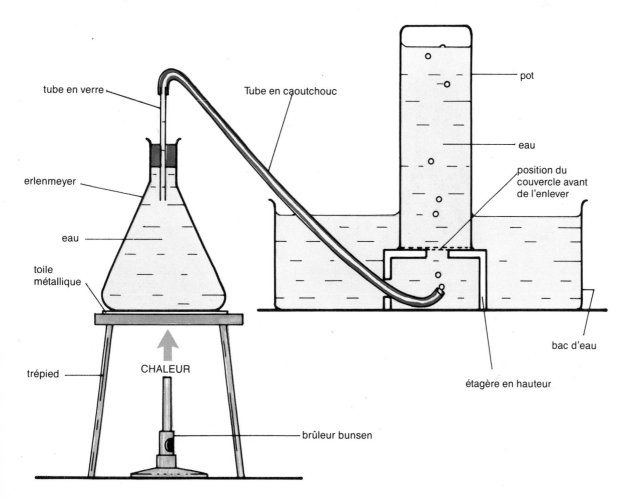

tube en verre

Tube en caoutchouc

pot

eau

position du couvercle avant de l'enlever

erlenmeyer

eau

toile métallique

bac d'eau

trépied

CHALEUR

étagère en hauteur

brûleur bunsen

8. La vie dans les cours d'eau

À cause du courant rapide qui circule toujours dans la même direction, les plantes des rivières doivent être bien ancrées et les animaux, de très bons nageurs, pour ne pas se laisser emporter facilement.

Peu de plantes et d'animaux vivent dans les cours d'eau rapides. Les plantes à fleurs ne peuvent prendre racine s'il n'y a pas de boue ou de gravier dans le fond. Seules les algues, les mousses et les herbes de la Trinité pouvant s'agripper aux roches dénudées peuvent donc y croître. On trouve aussi à cet endroit les larves d'insectes munies de fortes pinces pour s'agripper et des poissons qui sont de robustes nageurs.

À mesure que l'eau se calme, les plantes à fleurs peuvent prendre racine dans la boue et le gravier, et la vie animale est mieux protégée. Les escargots, les vers et les larves d'insectes vivent à l'intérieur et autour des plantes et se font manger par les poissons. On ne trouve pas de plancton dans un cours d'eau. Il descend le courant à la dérive pour être transporté au loin.

Les gardons se nourrissent de plantes d'eau et de petits animaux dans les rivières. Ces poissons préfèrent nager en bancs.

Ces larves d'éphémères ont des corps plats offrant peu de résistance au courant, mais elles sont dotées de pinces pour s'ancrer aux roches. Elles ont besoin de beaucoup d'oxygène et on les trouve seulement dans les étendues d'eau non polluées.

Les eaux plus calmes qui contiennent moins d'air ont plus de chance d'être polluées. Dans des conditions normales, les plantes et les animaux morts sont d'abord décomposés par les larves d'insectes et les vers, puis par les bactéries. Ces dernières ont besoin d'oxygène pour travailler. Si un facteur vient réduire la quantité d'oxygène dissous, d'autres bactéries qui n'ont pas besoin d'air, les bactéries anaérobies, prennent la relève. Ces bactéries libèrent des gaz odorants désagréables comme le méthane et le sulfure d'hydrogène, mais elles décomposent les déchets.

C'est ainsi que les déchets sont naturellement supprimés de l'eau. Une rivière qui contient trop de déchets ou qui est tellement polluée que les bactéries ne peuvent pas accomplir leur travail, mourra. On n'y retrouvera plus d'organismes vivants.

Cette grande aigrette se tient immobile sur le bord d'une rivière de Nouvelle-Galles du Sud en Australie, attendant qu'un poisson arrive dans les parages.

9. Les eaux calmes

Les eaux calmes contiennent du plancton, car il n'existe aucun courant pour les emporter. Les chaînes alimentaires commencent par le phytoplancton. Ce phytoplancton capte l'énergie solaire et fabrique de la nourriture avec de l'eau, du gaz carbonique et des sels minéraux, produisant de l'oxygène. Il peut continuer à fabriquer de la nourriture tant qu'il est bien approvisionné en sels, mais il peut y avoir pénurie de sel dans les eaux calmes.

Habituellement, ce problème ne se présente pas dans les étangs peu profonds. La lumière du soleil pénètre directement au fond de l'eau, et le phytoplancton peut photosynthétiser puisqu'il y a des sels dissous en abondance de la boue au fond de l'étang.

Cependant, dans les étangs et les lacs plus profonds, il peut y avoir un problème. Le soleil réchauffe une couche d'eau en surface qui, ensuite, flotte sur la couche d'eau fraîche qui est plus profonde. Les courants d'eau chaude ne se mélangent pas à la couche d'eau froide et ils deviennent de plus en plus chauds, jusqu'à ce que les deux couches soient séparées par une différence de température appelée thermocline. Au-dessus de la thermocline,

la couche est chaude et ensoleillée. Le phytoplancton y abonde et utilise tous les sels. Cette couche est séparée de la boue du fond par une couche d'eau froide, et la production de nourriture s'arrêtera s'il y a pénurie de sels.

La couche du fond est plus sombre et plus froide. On y trouve des sels en abondance, mais moins de lumière solaire. Les plantes libèrent un peu d'oxygène que les animaux utiliseront très rapidement. La production de nourriture ralentit avec le manque de lumière. Si le phytoplancton de la couche supérieure pousse rapidement, il peut empêcher toute lumière de pénétrer au fond de l'eau et arrêter la production de nourriture.

Les étangs et les lacs demeurent ainsi jusqu'à l'automne et au printemps. C'est pendant ces saisons que l'effet de réchauffement du soleil change et les eaux sont touchées par les vents qui permettent aux couches de se mélanger et aux substances nutritives de circuler.

Les nénuphars sont ancrés au fond d'un étang ou d'un lac par des racines. Ils fournissent un abri et de l'ombre aux animaux de l'étang lorsqu'il fait chaud.

Activité : fabrique une thermocline

Il te faut

un bac d'eau, deux thermomètres, de l'eau froide et de l'eau chaude.

Verse de l'eau froide dans le bac et déposes-y un thermomètre. Laisse le thermomètre en place et attends qu'il indique le degré de température de l'eau. Très lentement, verse l'eau chaude sur l'eau froide et tiens le deuxième thermomètre en place dans l'eau, comme sur l'illustration. Note les températures des deux thermomètres toutes les dix secondes. Que vois-tu ? Pourquoi les couches ne se mélangent-elles pas ?

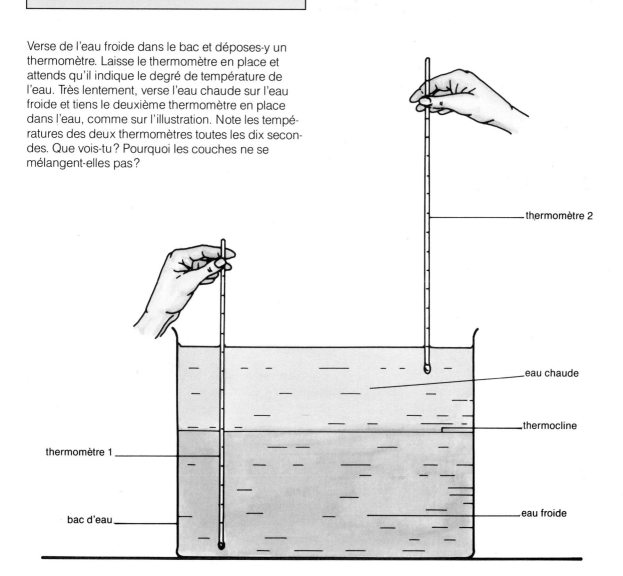

thermomètre 2

eau chaude

thermocline

thermomètre 1

eau froide

bac d'eau

Ce qu'il fallait démontrer

Si tu as fait bien attention, tu auras réalisé ta propre thermocline. L'eau chaude restera au-dessus de l'eau froide puisqu'elle est plus légère, et les deux couches se mélangeront difficilement.

10. La vie en eau calme

Dans les eaux chaudes et ensoleillées contenant des sels minéraux en abondance, le plancton peut se multiplier jusqu'à recouvrir entièrement les eaux, fournissant suffisamment de nourriture aux animaux qui nagent. Les animaux d'eau douce comprennent entre autres les poissons, les grenouilles, les tortues et les serpents d'eau, les musaraignes, les castors et les rats d'eau. Les poissons se nourrissent directement de plancton, le filtrant à travers leurs branchies.

La vie en eau calme est très diversifiée, si bien que la population d'un étang peut être entièrement différente de celle d'un autre étang situé tout près.

Même si des ruisseaux se jettent dans de nombreux lacs et en ressortent, il n'existe aucun courant suffisamment fort pour emporter au loin ce qui n'est pas ancré. La plupart des plantes à fleurs sont enracinées dans le fond de boue, mais certaines flottent librement, leurs racines traînant dans l'eau.

La boue amassée au fond des eaux calmes est constituée du sol qui a été transporté par l'eau et des débris de plantes et d'animaux. Les animaux, comme les vers, participent au processus de la décomposition qui renvoie les substances à l'eau. La pollution commence lorsqu'il y a plus de déchets que ces animaux ne peuvent en digérer ; les déchets polluent alors l'eau, consommant toute l'oxygène.

La boue fournit les sels dans les étangs, et elle sert aussi d'abri aux animaux quand il fait trop froid ou trop chaud. Lorsque les étangs gèlent, quelques poissons plongent au fond et hibernent dans la boue. Si la chaleur dessèche l'étang, certains poissons s'enfoncent dans la boue et fabriquent un cocon de vase autour d'eux. Ils restent ainsi jusqu'à ce qu'il y ait de nouveau de l'eau dans l'étang.

Une chaîne alimentaire dans l'eau calme. Les plantes et les animaux ne sont pas tous montrés à l'échelle.

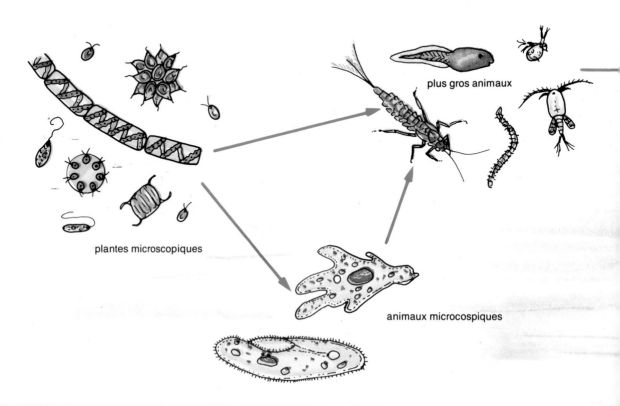

plus gros animaux

plantes microscopiques

animaux microcospiques

Activité : la pêche dans l'étang

Observe attentivement la surface d'un étang. Tu pourras peut-être voir des insectes à la surface de l'eau ou autour des plantes sur le bord de l'eau.

Passe rapidement ton filet sous la surface de l'eau et relève-le. Essaie de ne pas faire gicler l'eau. Verse soigneusement le contenu de ton filet dans un plateau où il y a déjà un peu d'eau. Recommence encore quelquefois à la même place et vide le contenu de ton filet dans le plateau.

Observe bien l'eau du plateau. Après un moment, tu verras peut-être quelques mouvements. Sers-toi de la loupe pour examiner la vie et note les différentes espèces d'animaux que tu y trouveras.

Transporte toujours tes instruments près de l'étang et remets les animaux dans l'eau dès que possible.

Passe ton filet à différents endroits, près de la rive, là où l'eau est peu profonde, par exemple, puis plus loin, là où c'est plus creux. Passe aussi ton filet à différentes profondeurs, y compris au fond de l'étang.

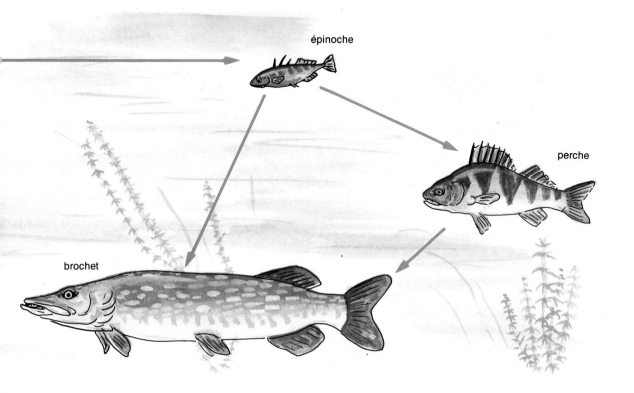

épinoche

perche

brochet

11. Une gorgée d'eau

Dans les endroits où la population n'est pas trop dense et où il y a très peu d'industries, il est encore possible de boire de l'eau d'un ruisseau ou d'un puits. L'eau est nettoyée lorsqu'elle court sur les roches et est filtrée à travers le sol ; elle peut donc être bue sans aucune inquiétude.

Les villes comportent trop d'habitants et d'usines pour qu'on tire l'eau des puits. Leurs besoins en eau sont aussi trop élevés. Dans les pays en développement, chaque personne a besoin d'environ 12 litres d'eau par jour. Dans les pays industrialisés, chaque personne utilise environ 150 litres d'eau par jour, dont la moitié est utilisée dans les foyers pour boire, cuisiner, laver et tirer la chasse d'eau. L'autre moitié est utilisée par les industries.

Les villes tirent leur eau des lacs, des rivières et des réservoirs. Si cela est possible, les réservoirs sont construits en haut des collines ou des montagnes. Ils sont remplis d'eau de sources propres qui ne contient que quelques sels dissous et très peu de vie. Cette eau sera donc facile à nettoyer et à purifier.

Si cela n'est pas possible et que le réservoir est construit près de la partie basse d'une rivière, l'eau est alors emmagasinée pendant quelque temps. La boue se déposera naturellement et la plupart des bactéries porteuses de maladies graves mourront.

Pour nettoyer l'eau, les humains ont été incapables d'inventer un meilleur moyen que les végétaux et les animaux qui, eux, le font naturellement. Des réservoirs spéciaux sont construits à leur intention dans les systèmes de purification des eaux. L'eau s'écoule à travers des lits de sable contenant des algues et des bactéries. Lorsque l'eau descend le courant et vient d'une autre ville, des spécialistes peuvent y ajouter du chlore ou de l'ozone, ou irradier l'eau avec des rayons ultraviolets pour s'assurer que toutes les bactéries susceptibles d'être porteuses de maladies soient tuées. L'eau est ensuite amenée aux maisons par les canalisations. Tu peux donc ouvrir le robinet et boire une bonne gorgée d'eau.

Le système de réservoirs qui fournissent une bonne quantité de l'eau nécessaire à la ville de Londres.

Activité : fabrique un filtreur d'eau

Il te faut

une grosse bouteille en plastique, une paille en plastique, un peu d'ouate, une pince et deux bocaux. Tu auras aussi besoin d'un peu de gros gravier, de gravier fin, de sable grossier, de sable fin et de papier absorbant.

Dans le couvercle de la bouteille, perce un trou suffisamment grand pour y insérer la paille. Insère la paille dans le couvercle. Découpe le fond de la bou-

teille et attache-la à l'envers. Entasse la ouate dans le goulot de la bouteille.

Place ensuite une couche de gros gravier, une couche de gravier fin, puis une couche de sable grossier suivie d'une couche de sable fin, et recouvre la dernière couche de papier absorbant.

Verse de l'eau boueuse au-dessus de la bouteille et récupère-la dans une autre bouteille placée sous la paille. L'eau qui sort devrait être très claire ; recommence l'expérience si c'est nécessaire. Fais la même expérience avec de l'eau d'un étang et de l'eau contenant de l'encre.

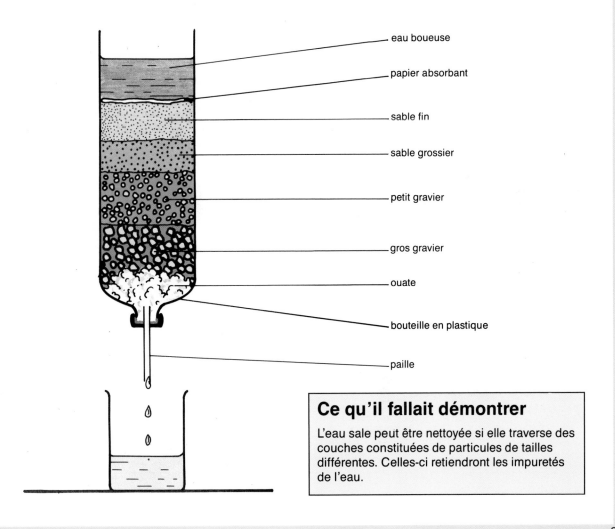

- eau boueuse
- papier absorbant
- sable fin
- sable grossier
- petit gravier
- gros gravier
- ouate
- bouteille en plastique
- paille

Ce qu'il fallait démontrer

L'eau sale peut être nettoyée si elle traverse des couches constituées de particules de tailles différentes. Celles-ci retiendront les impuretés de l'eau.

12. Égouts et eaux usées

Dans les villes, où vivent un grand nombre de personnes, on ne doit pas seulement disposer d'immenses réserves d'eau. Il faut aussi évacuer l'importante quantité de déchets qui y sont produits. Ces déchets peuvent contenir des bactéries porteuses de maladies et ils doivent être ramassés et nettoyés le plus tôt possible. Les déchets non traités pourraient propager des maladies comme le choléra.

Des conduites souterraines, appelées égouts, ne transportent pas seulement les eaux usées à l'usine d'épuration. Elles transportent aussi les eaux usées des industries et l'eau de pluie. Les déchets industriels ne doivent rien contenir qui puisse nuire au travail des bactéries à l'usine d'épuration. Ces usines sont spécialement conçues pour que les algues et les bactéries qui se nourrissent de déchets aient les meilleures conditions de travail possible.

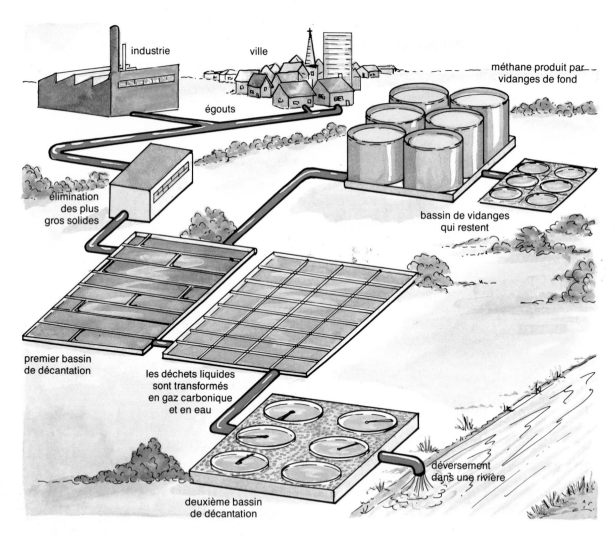

Les eaux usées des foyers et des usines sont traitées dans des usines d'épuration modernes. Les déchets solides sont traités afin d'être utilisés en agriculture ou déversés dans la mer. Les déchets liquides sont traités afin que l'eau puisse retourner dans la rivière.

Les spécialistes en eaux usées et les scientifiques travaillent dans des usines d'épuration pour s'assurer que les bactéries peuvent nettoyer tous les déchets d'une ville ou d'une partie de la ville.

Les déchets passent tout d'abord à travers un grillage qui sépare les roches, les graviers et les trop gros solides. Le reste se déverse dans un bassin de décantation où les particules restantes coulent au fond. Les déchets du fond vont dans des bassins étanches à l'air et servent de nourriture à des bactéries anaérobies. Ils ne sont pas réduits en gaz carbonique et en eau, mais en méthane qui peut être utilisé comme source d'énergie. Les liquides se déversent dans un bassin contenant de l'oxygène en abondance où les bactéries qui ont besoin d'oxygène peuvent se nourrir, transformant les déchets en gaz carbonique et en eau. L'eau passe par un autre bassin de décantation pour devenir de l'eau propre qui se déverse dans la rivière ou la mer.

Dans les parties du monde les plus peuplées, l'eau quitte une ville pour être très rapidement utilisée par une autre ville en aval de la rivière. Avant d'être bue, elle doit être traitée de nouveau.

Vue aérienne d'une usine d'épuration montrant au premier plan les bassins de décantation.

Les eaux traitées dans une usine d'épuration retournent à la rivière.

13. L'eau retourne à la mer

L'eau finit toujours par retourner à la mer, qu'elle vienne d'une rivière, de la neige fondue ou de la glace des calottes polaires. Malheureusement, l'eau qui retourne à la mer n'aura pas été entièrement nettoyée. Les industries ne traitent pas toujours les eaux qu'elles déversent dans les rivières. Les eaux peuvent transporter des produits chimiques ainsi que de la chaleur. La pollution par la chaleur peut modifier une rivière en élevant sa température ; les plantes et les animaux qu'elle contient ne peuvent donc plus y vivre.

Les industries ne sont pas les seules coupables. Les agriculteurs arrosent leurs terres de pesticides qui, entraînés dans les ruisseaux, peuvent empoisonner les plantes et les animaux. Toute cette pollution invisible se dirigera vers la mer, avec les ordures solides comme les plastiques que les gens jettent dans les rivières.

Une fois qu'elles ont atteint la mer, les matières polluantes peuvent voyager autour de la planète. On a trouvé des traces de DDT, un insecticide qui ne peut être décomposé par les bactéries, chez les manchots de l'Antarctique. L'insecticide doit avoir parcouru des milliers de kilomètres à travers les mers et

à travers l'organisme des insectes et des poissons avant d'être ingéré par les manchots.

La pollution des mers ne provient pas seulement des rivières. Les humains jettent parfois directement des produits polluants dans la mer. Les lois n'empêchent pas certains pétroliers de vidanger leurs cuves et de déverser dans la mer des nappes de pétrole qui nuisent aux oiseaux de mer et salissent les plages.

Un autre problème qui se pose est le déversement des déchets des centrales nucléaires dans la mer. Les déchets radioactifs sont scellés dans des conteneurs et jetés dans les eaux profondes des océans. Si les conteneurs se mettaient à fuir, les déchets pourraient entrer dans la chaîne alimentaire. Certaines substances radioactives seraient absorbées par les minuscules animaux marins qui seraient mangés par les petits poissons. Puis les gros poissons mangeraient les plus petits. Le maillon final de la chaîne pourrait être les humains qui mangent le poisson contaminé.

Une plage polluée par les eaux usées, au sud de l'Australie.

Activité : observe la dispersion de l'huile

Il te faut

une bouteille d'eau en verre avec un bouchon, un peu d'huile lubrifiante et un peu de détersif ordinaire.

Ajoute deux ou trois gouttes d'huile à l'eau et regarde ce qui se passe. L'huile se mélange-t-elle à l'eau ?

Ajoute quelques gouttes de détersif et agite la bouteille vigoureusement. Peux-tu toujours voir l'huile ?

Recommence avec dix gouttes d'huile, puis avec vingt, en comptant le nombre total de gouttes d'huile dans l'eau. Y a-t-il un niveau où l'eau est saturée d'huile ?

Ce qu'il fallait démontrer

L'huile peut se mélanger avec des détersifs. Elle ne disparaît pas, mais elle se divise en minuscules gouttelettes et se disperse dans l'eau.

Sauvetage de cormorans qui ont été couverts de pétrole lors d'un déversement de pétrole dans la mer. On devra mettre beaucoup de soin à débarrasser leurs plumes de toute trace de pétrole.

14. Les mers ensoleillées

La couche de surface ensoleillée des mers est très importante. C'est la plus grande fabrique d'oxygène sur la planète, qui fournit une grande partie de l'oxygène dans l'atmosphère. C'est aussi la « centrale énergétique » des océans, l'endroit où l'énergie solaire est captée par les plantes et emmagasinée comme nourriture. L'énergie stockée par les minuscules plantes flottantes, le phytoplancton, est utilisée par tous les organismes vivant à la surface et dans les profondeurs.

La couche de surface ensoleillée des océans est importante en raison de son immensité. Elle couvre les sept dixièmes de la planète et s'enfonce à environ 100 mètres. Plusieurs millions de plantes vivent dans le phytoplancton qui dérive dans ces couches ; leur poids dépasse, en fait, celui de toutes les plantes poussant sur la terre ferme.

Au bord de la mer, on trouve de grandes algues composées de plusieurs cellules. Certaines d'entre elles flottent à la surface des eaux. Les algues des Sargasses en sont le meilleur exemple. Elles s'amassent dans la mer des Sargasses, dans l'Atlantique Nord, et à d'autres endroits.

Une algue géante montant à la surface de l'océan sur la côte du Pacifique. Cette espèce peut atteindre des profondeurs de 40 m et mesurer jusqu'à 60 m de longueur.

Les animaux, eux, n'ont pas, comme les plantes, besoin de rester dans les couches de surface, éclairées par la lumière du soleil. Ils peuvent nager en profondeur, mais certains d'entre eux passent tout de même la majeure partie de leur vie à la surface des eaux. Les animaux qui flottent, comme les méduses, les escargots et les vers, restent à la surface ou tout près. Tous les animaux qui dérivent au lieu de nager constituent le plancton. Les animaux qui nagent constituent le necton.

La concentration du sel dans la mer est extrêmement importante pour les animaux. Si, par l'intermédiaire d'un élément quelconque comme la peau d'un poisson, l'eau est séparée du sel, l'eau se déplacera vers une solution plus concentrée et le sel se déplacera vers une solution moins concentrée. Ce procédé s'appelle osmose, et les animaux marins doivent équilibrer la quantité de sel dans leur organisme pour éviter des pertes d'eau.

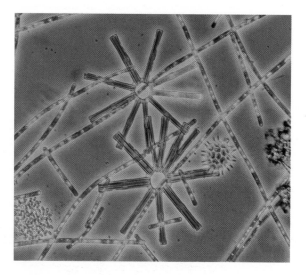

Gros plan du phytoplancton, ces infimes plantes qui dérivent dans les couches de surface des océans.

Activité : observe l'osmose

Il te faut

un mince tube en verre, un tube à osmose, un becher d'eau salée et un bout de fil solide.

Attache très solidement une des extrémités du tube à osmose et remplis-le d'eau. Insère le tube et attache l'autre extrémité très solidement autour du tube de sorte que tu aies un ballon d'eau et un peu d'eau qui monte dans le tube.

Place ton dispositif dans un becher rempli d'eau très salée qui a été remuée afin que la plupart du sel soit dissous. Marque le niveau d'eau dans le tube et laisse le tout pendant environ une heure.

Après ce temps, vérifie le niveau. Qu'est-il arrivé? Comment peux-tu expliquer cela?

Ce qu'il fallait démontrer

L'eau a quitté le tube à osmose et est entrée dans la solution fortement salée par un procédé appelé osmose. Le tube à osmose est un peu comme la peau d'un poisson, et l'eau a tendance à traverser cette «peau» pour se déverser dans une solution plus concentrée.

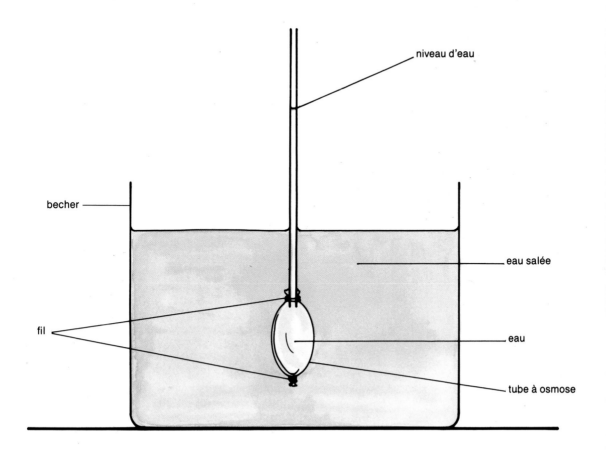

niveau d'eau

becher

eau salée

fil

eau

tube à osmose

15. La vie dans le noir

Le plus grand (et de loin) espace viable de la planète est noir, froid et subit une forte pression. Aucune lumière ne peut pénétrer au fond des océans, qui reçoit la masse de centaines de mètres cubes d'eau.

Les animaux qui vivent dans les eaux profondes se nourrissent de détritus (les débris végétaux et animaux qui descendent d'en haut vers le fond), ou vivent en chassant et en mangeant d'autres animaux. Les poissons qui chassent en eau profonde ont d'énormes mâchoires et de longues dents affilées afin de pouvoir avaler leur proie même si elle est très grosse. Il n'y a pas autant d'organismes vivants dans les profondeurs qu'il n'y en a à la surface des eaux, et les poissons qui chassent doivent chercher leur nourriture.

Les poissons peuvent se déplacer de haut en bas dans les eaux grâce à leurs vessies natatoires. Ces vessies natatoires à l'intérieur de leur corps sont semblables à des ballons et peuvent se remplir de

Ces poissons aux couleurs vives nagent le long des coraux dans la mer Rouge.

gaz pour rendre le poisson plus léger et lui permettre de s'élever. Le gaz est libéré de la vessie afin que le poisson puisse s'enfoncer de nouveau. Les poissons nagent au-dessus des animaux qui vivent sur les fonds marins. Les coraux, les éponges, les étoiles de mer et les crevettes se nourrissent tous dans le fond de la mer, filtrant l'eau et la boue pour n'en garder que la nourriture.

Ces animaux ne vivent pas dans un monde calme et plat. Le paysage marin comporte des montagnes et des vallées, tout comme il y en a sur la terre. La vallée la plus creuse, la fosse des Mariannes, est si profonde que si l'on y mettait la plus grosse montagne du monde, le mont Everest, il resterait encore 2 000 m au-dessus du sommet. Même à cette profondeur, on trouve des crevettes et des ophiures.

Le paysage sous l'eau est balayé par des courants d'eau froide venant des pôles et se déplaçant d'un côté à l'autre des fonds marins en ramassant des sels minéraux et de la boue. Les profondeurs peuvent être traversées par plusieurs courants marins allant dans des directions différentes à différents niveaux, s'élevant occasionnellement à la surface et entraînant sur leur chemin les substances nutritives.

On trouve des ophiures au fond des océans.

Activité : mesure la pression d'après la profondeur

Découpe le haut de la bouteille en plastique et perce cinq trous, en ligne droite, le long de la bouteille. Couvre chaque trou d'un morceau de ruban adhésif. Place la bouteille sur un support au-dessus de l'évier et remplis-la d'eau.

Enlève le ruban adhésif qui recouvre le trou du haut et, avec la règle, mesure à quelle distance de la bouteille gicle le jet d'eau. Replace un morceau de ruban adhésif sur le trou et remplis de nouveau la bouteille d'eau. Enlève le deuxième morceau de ruban adhésif et mesure à quelle distance de la bouteille gicle le jet d'eau.

Recommence avec chacun des trous, en remplissant chaque fois la bouteille. Que remarques-tu ? Pourquoi ? Finalement, retire tous les morceaux de ruban adhésif et verse continuellement de l'eau dans la bouteille.

Ce qu'il fallait démontrer

Le poids de l'eau crée une pression. Donc l'eau au fond de la bouteille sort avec plus de force parce que toute l'eau pousse vers le bas et que la pression augmente avec la profondeur.

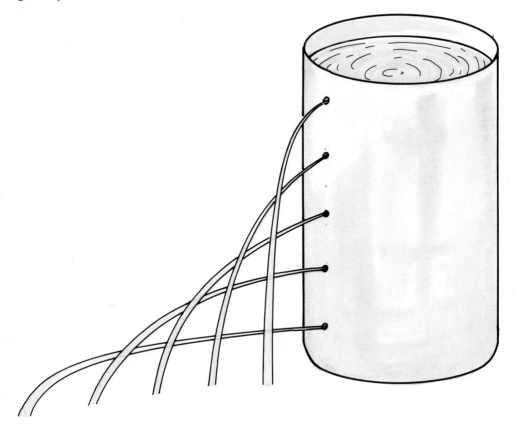

16. Du plancton aux humains

Les grandes quantités d'énergie accumulées par le phytoplancton dans les mers sont exploitées par les humains lorsqu'ils vont pêcher. Le plancton peut sans aucun doute nourrir beaucoup d'animaux. Par exemple, les minuscules animaux flottants se nourrissent de plancton et sont, en retour, mangés par des bancs de harengs et de morues. Ceux-ci peuvent à leur tour être mangés par des animaux marins plus gros ou par les oiseaux. Le phytoplancton se trouve au commencement de cette chaîne alimentaire et les humains se trouvent souvent à la fin.

Peu d'espèces de poissons présentent, en fait, de l'intérêt en tant qu'aliment, mais avec la demande accrue de nourriture dans le monde, les gens se tournent davantage vers les produits de la mer. Der-

Poissons sur le bord d'un quai, prêts à être acheminés dans les magasins.

nièrement, on a constaté qu'il y avait de moins en moins de poissons à pêcher parce que les captures ont été trop importantes par le passé, et que l'écologie de la mer a été bouleversée.

Jusqu'à tout récemment, aucune règle n'était fixée quant à la grosseur des mailles d'un filet de pêche. Si les mailles sont assez grosses pour capturer un poisson adulte et permettre aux plus jeunes de s'échapper, il y aura beaucoup de poissons adultes la saison prochaine. Par contre, si les mailles sont petites, un trop grand nombre de jeunes poissons seront capturés et on assistera à une pénurie de poissons. Beaucoup de pays ont maintenant adopté des lois exigeant que les filets aient des mailles relativement grosses.

De nouveaux appareils, comme le radar pour détecter les bancs de poissons, des sortes d'aspirateurs pour aspirer les bancs de poissons et d'autres animaux et plantes des fonds marins, sans parler des navires-usines, ont favorisé des excès en matière de pêche marine excessive.

Pêche au hareng sur un chalutier dans l'Atlantique.

La chaîne alimentaire a aussi été touchée. La pêche excessive de poissons d'une même espèce signifie plus de plancton pour les espèces qui les remplaceront. Certains oiseaux de mer ont aussi été touchés, puisque les humains les privent de leur nourriture naturelle.

Ce n'est pas seulement le nombre de poissons qui a diminué. Les mammifères marins ont aussi été chassés à grande échelle, notamment pour leur chair et leur huile. Le nombre de baleines a diminué si rapidement que plusieurs espèces sont presque en voie d'extinction. Les gros mammifères des mers s'accouplent très rarement, et les humains les tuent avant qu'ils n'aient le temps de donner naissance à des petits pour remplacer ceux qui meurent. La Terre peut perdre le plus gros animal qui ait jamais vécu sur la planète, la baleine bleue, parce que certains pays ignorent toujours les lois internationales promulguées pour sa sauvegarde.

Bien qu'il soit important de nourrir les humains, on risque d'éliminer plusieurs espèces d'animaux qui vivent avec nous sur Terre. Les élevages de poissons, ou piscicultures, constituent un moyen intéressant de satisfaire à nos besoins en alimentation. Ce sont des endroits où l'on fait l'élevage de poissons à partir d'œufs et où les coquillages, comme les huîtres et les moules, sont élevés en grand nombre.

La queue d'un cachalot attaché à un baleinier.

17. L'exploitation de l'eau

Les humains exploitent depuis longtemps l'énergie hydraulique. Il y a 2 000 ans, les Romains utilisaient l'eau pour actionner les moulins afin de moudre le grain. Plus récemment, on a commencé à utiliser l'énergie hydraulique pour produire de l'électricité. On trouve souvent des centrales hydro-électriques tout près des barrages qui sont construits pour emmagasiner l'eau. Ces centrales électriques utilisent la puissance de l'eau qui se déverse rapidement d'une rivière ou qui tombe d'un réservoir. L'eau fait tourner les aubes d'une turbine qui produit de l'électricité.

Les océans constituent un autre grand réservoir d'énergie. La puissance de la mer remue le sol et les

La centrale électrique française de Rance, utilise l'énergie marémotrice. Le mouvement de la marée basse et de la marée haute est utilisé pour produire de l'électricité.

roches sur de grandes distances et érode les régions côtières. Les marées sont causées par l'attraction qu'exercent la Lune et le Soleil, tandis que les puissantes vagues sont causées par les vents.

On a souvent tenté de convertir en électricité l'énergie produite par le mouvement des vagues, et les pays ayant beaucoup de régions côtières ont essayé différents types de convertisseurs d'énergie.

Mais il peut être plus pratique d'utiliser l'énergie marémotrice. À Rance, sur la côte septentrionale de la France, une centrale électrique utilise la puissance des marées. À cet endroit, les différences entre les marées basses et les marées hautes sont très marquées ; les aubes de la turbine sont actionnées lorsque la marée monte ou descend.

On a aussi suggéré une nouvelle méthode pour extraire l'énergie des mers. Il s'agirait de tirer profit du fait que les couches en surface de l'océan captent beaucoup de chaleur. On utiliserait donc cette chaleur pour convertir un liquide comme l'ammoniac, dont le point d'ébullition est très bas, en gaz. Le gaz se dilaterait et actionnerait une turbine dans une centrale électrique sous la mer pour créer de l'électricité. Le gaz serait ensuite refoulé dans des tuyaux vers les couches les plus froides de l'océan afin qu'il redevienne liquide, pour ensuite remonter à la surface et recommencer le cycle.

Une ancienne roue à aubes utilisée pendant la révolution industrielle.

Activité : fabrique une roue à aubes

Il te faut

trois bouchons en liège, une bouteille en plastique, une aiguille à tricoter en métal et un peu de fil.

Fais quatre fentes à angle droit dans le bouchon et insère délicatement l'aiguille à tricoter au centre du bouchon, puis retire-la. Découpe un carré sur un côté de la bouteille et taille dans ce carré quatre bandes identiques, de la même hauteur que le bouchon. Insère ces bandes dans les fentes du bouchon afin de former une roue.

Perce deux trous dans la bouteille, au-dessus de l'ouverture carrée. Par cette ouverture, glisse la roue dans la bouteille, et maintiens-la en place en passant l'aiguille dans un des trous, puis dans le bouchon, puis dans le deuxième trou. Le bouchon doit tourner facilement. Enfonce ensuite les deux autres bouchons aux extrémités de l'aiguille.

Attache un fil à un côté de l'aiguille à tricoter et, au bout du fil, fixe un léger poids, comme un crayon. Perce un trou dans le fond de la bouteille et renverse-la sous le robinet. Fais couler l'eau dans la bouteille. Qu'est-ce que tu remarques ? Qu'est-ce qui se produit quand tu fais couler l'eau plus fort ?

Ce qu'il fallait démontrer

L'eau peut servir à faire tourner une roue afin qu'elle effectue du travail. Par exemple, elle peut faire fonctionner une turbine pour produire de l'électricité.

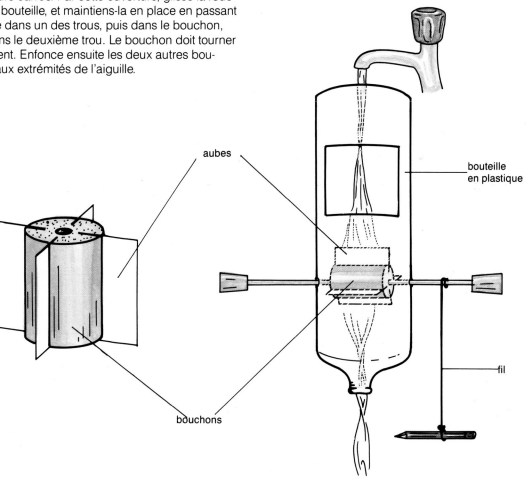

aubes

bouchons

bouteille en plastique

fil

18. Que pouvons-nous faire?

Les humains ont déjà commencé à réagir contre la pollution des eaux de la planète et ils ont obtenu plusieurs résultats. L'un des plus importants est le nettoyage de la Tamise. en Angleterre. Il y a un siècle, la Tamise était ni plus ni moins qu'un égout à ciel ouvert. Plusieurs villes bordant ce fleuve y déversaient leurs eaux usées non traitées.

À cause de ces déchets et des substances provenant de nouvelles usines, les bactéries de la Tamise ne pouvaient plus faire leur travail et le fleuve était en train d'en mourir. Très peu de plantes et d'animaux pouvaient y survivre, et il y avait un danger réel que les gens attrapent des maladies mortelles. Sous la reine Victoria, on a commencé le nettoyage des eaux, construisant un réseau d'égout et un système d'épuration. À partir de 1900, on a vu de nettes améliorations. Des lois furent votées pour interdire aux usines de déverser des déchets toxiques dans

le fleuve et, progressivement, les poissons sont revenus. Vers 1980, les eaux de la Tamise étaient redevenues normales et l'on y a même vu du saumon, un poisson particulièrement sensible à la pollution.

Aux États-Unis, quelques 50 milliards de dollars ont été dépensés ces dernières années pour essayer d'arrêter le déversement d'eaux usées non traitées et de déchets industriels dans les voies navigables du pays. Grâce à des lois, on a pu réduire de plus du tiers la pollution des eaux. Cependant, plusieurs problèmes importants demeurent. L'enfouissement de produits chimiques toxiques a contaminé les plans d'eau de plusieurs régions, et l'utilisation d'un seul pesticide a entraîné la fermeture de 1 400 puits dans la Grande Vallée, en Californie.

À une échelle plus réduite, les gens ont commencé à nettoyer les eaux douces de leur région. Des

Si le niveau d'oxygène de la Tamise devenait dangereusement faible, on pourrait remédier à ce problème en injectant de l'oxygène directement dans l'eau.

Prélèvement d'un échantillon d'eau de mer pour évaluer le degré de pollution.

bénévoles retirent les ordures qui ont été jetées dans les rivières, les lacs et les étangs, et débarrassent les eaux des matières plastiques avant que celles-ci ne soient entraînées vers la mer.

Tous ces progrès dans le secteur des eaux douces aident à réduire la pollution des mers. Des groupes écologistes ont aussi attiré l'attention du monde sur des problèmes importants comme le déchargement de déchets nucléaires dans les océans. Leurs campagnes ont persuadé plusieurs gouvernements de cesser un tel déchargement ou de réduire progressivement la quantité de déchets déchargée.

Grâce à d'autres campagnes semblables, on a réussi à interdire la chasse à la baleine. Un accord internationnal a été passé à cet effet, mais le Japon, la Russie et la Norvège ont refusé d'y adhérer. C'est aux citoyens de ces pays et des autres pays que revient la tâche d'encourager leur gouvernement à arrêter la trop grande exploitation des mers et à réduire la pollution des eaux de notre planète.

Des groupes de pression, comme Greenpeace, ont fait beaucoup pour convaincre le gouvernement de réduire les quantités de déchets déversés dans la mer.

Glossaire

Algue : Important groupe de plantes de forme très simple. Elles renferment de la chlorophylle, mais n'ont ni tige, ni racines, ni feuilles.

Anaérobie : Micro-organisme n'ayant pas besoin d'oxygène ou d'air.

Atmosphère : Couche de gaz qui entoure la planète et qui est maintenue en place par gravité.

Azote : Gaz qui constitue 78 % de l'atmosphère.

Bactérie : Organisme vivant extrêmement petit qui entraîne la décomposition des restes et des déchets des plantes et des animaux.

Bassin hydrographique : Partie de la terre qui draine l'eau dans une rivière ou un lac.

Capillarité : Procédé par lequel les liquides s'élèvent naturellement dans les minuscules espaces entre les solides.

Cellule : La plus petite particule de vie chez tous les êtres vivants.

Centrale hydro-électrique : Énergie produite par l'eau qui tombe.

Chaîne alimentaire : Réseau par lequel l'énergie sous forme d'aliments passe d'un organisme à un autre.

Chlorophylle : Substance chimique verte des plantes qui absorbe l'énergie lumineuse nécessaire à la photosynthèse.

Choléra : Maladie sévère causée par l'absorption d'eau non potable ou d'aliments contaminés.

Convection : Procédé par lequel la chaleur voyage dans l'air ou dans un liquide.

Cycle de l'eau : Circulation de l'eau de la terre. L'eau s'évapore de la mer et s'élève dans l'atmosphère où elle redevient liquide et tombe sous forme de pluie ou de neige. L'eau retourne à la mer dans les rivières ou s'évapore de nouveau.

DDT : Substance incolore utilisée pour éliminer les insectes nuisibles aux cultures. C'est un poison pour les animaux et il s'accumule dans l'organisme.

Décomposer : Pourrir par l'action des bactéries et des champignons.

Détritus : Substance qui reste après avoir été décomposée.

Eau douce : Eau ne contenant pas de sel dissous. Elle constitue seulement 3 % de l'eau de la planète.

Échelle pH : Échelle qui mesure le degré d'acidité ou d'alcalinité des substances. L'eau pure a un pH de 7. Les acides ont un pH inférieur et les alcalins, un pH plus élevé.

Énergie : La capacité d'effectuer un travail.

Engrais : Substance contenant de la nourriture pour les plantes, utilisée pour augmenter le degré de fertilité du sol et, de ce fait, la quantité des cultures.

Environnement : Le monde qui nous entoure ou notre entourage, comprenant tous les êtres vivants. L'endroit où vit un animal ou une plante peut être appelé son environnement.

Estuaire : Le canal étroit d'une rivière ou d'un fleuve qui est près de la mer, où il y a un mélange d'eau de mer et d'eau douce.

Évaporation : Transformation d'un liquide en vapeur.

Gaz carbonique : Gaz incolore qui composé 0,03 % de l'atmosphère. Il est relâché à travers la respiration des êtres vivants.

Gulf Stream : Courant océanique chaud qui passe au large de la côte Atlantique des États-Unis à partir du golfe du Mexique.

Hiberner : Dormir pendant les mois d'hiver.

Larve : Ver qui devient insecte.

Méthane : Gaz libéré par la décomposition des restes des plantes et des animaux lorsqu'ils sont mangés par les bactéries.

Minéraux : Substance nécessaire à la plante pour fabriquer sa nourriture.

Necton : Ensemble des animaux qui nagent et vivent dans les profondeurs moyennes d'une mer ou d'un lac.

Niveau hydrostatique : Niveau où l'eau est retenue dans le sol.

Osmose : Procédé par lequel un solvant passe d'une solution faible à une solution plus forte à travers une substance comme la peau d'un poisson.

Oxygène : Gaz essentiel à la vie, qui compose près de 21 % de l'air.

Ozone : Gaz constitué d'oxygène. On trouve une couche de ce gaz dans l'atmosphère.

Périodes glaciaires : Périodes dans l'histoire où les glaces ont recouvert une grande partie de la surface terrestre.

Pesticide : Produit chimique utilisé pour tuer les animaux nuisibles comme les insectes et les rongeurs.

Photosynthèse : Processus qui permet aux plantes vertes de fabriquer leur nourriture. L'énergie solaire est absorbée par la chlorophylle de la plante pour fabriquer de la nourriture à partir du gaz carbonique et de l'eau.

Phytoplancton : Ensemble des minuscules plantes vertes qui flottent dans l'eau.

Plancton : Ensemble des minuscules plantes et animaux qui dérivent et vivent dans la couche supérieure de la mer ou d'un lac.

Pluie acide : La pluie est normalement acide. Jusqu'ici, les gaz libérés par les combustibles qui brûlent comme le charbon se dissolvent dans l'eau contenue dans l'air pour retomber en pluie acide, en neige ou en brouillard.

Pollution : Relâchement de substances dans l'air, dans l'eau ou sur la terre qui peuvent nuire à l'équilibre naturel de l'environnement. Ces substances s'appellent des polluants.

Radioactif : Comprenant des rayons nuisibles.

Rayons ultraviolets : Forme d'énergie mortelle pour la plupart des êtres vivants.

Sève : Mélange de sels minéraux et de sucres qui coule dans une plante.

Solvant : Substance habituellement liquide qui dissout d'autres substances.

Thermocline : Une limite dans un lac ou un étang séparant l'eau chaude qui est en surface de l'eau froide qui est au fond.

Vapeur d'eau : Eau sous forme de gaz.

Vidange : Mélange d'eau et de déchets provenant des foyers et des industries, éliminé par des tuyaux appelés égouts.

Index

Origine des photos :

L'éditeur tient à remercier les personnes (et organismes) suivants pour leur autorisation à reproduire les photos qui apparaissent dans ce livre :

Ardea, 18, David Bowden 21 (bas) ; Bruce Coleman Limited *couverture* (*bas* J. Foott, *gauche* K. Taylor), *frontispice* (NASA), 16 (C. Bonington), 20 (K. Taylor), 21 (H. Reinhard), 22 (R. Wilmshurst), 26 (E. Crichton), 31 (M.W. Richards/RSPB), 32 en haut (F. Sauer), bas (J. Foott), 36 (W. Ferchland), 37 (G. Williamson), 38 (C. Molyneux) ; Cecilia Fitzsimons 8, 9, 11, 13, 14, 17, 19, 23, 24-25, 27, 28, 33, 35, 39 ; G.S.F. Picture Library *couverture* (*droite* R.J. Teede), 30 ; Greenpeace 41 ; Hutchison Library 12 ; Thames Water 29 (les deux), 40 (bas) ; Zefa Picture Library 6 (Halin), 7, 34, (les deux), 38 (bas). Toute autre illustration de Wayland Picture Library.